DES ÉLÉMENS

ET

DES RÉSULTATS

DE

L'EMPRUNT DE 150 MILLIONS,

FAIT EN 1832.

DES ÉLÉMENS

ET

DES RÉSULTATS

DE

L'EMPRUNT DE 150 MILLIONS,

PAR ARMAND SÉGUIN,

DE L'INSTITUT.

———◆◆◆———

PARIS,

IMPRIMERIE DE COSSON,

RUE SAINT-GERMAIN-DES-PRÉS, N° 9.

JUILLET.—1832.

DES ÉLÉMENS

ET

DES RÉSULTATS

DE

L'EMPRUNT DE 150 MILLIONS,

FAIT EN 1832.

J'ai le sentiment que monsieur le ministre des finances, n'ayant, par suite des dispositions législatives précédentes, eu à s'occuper pour l'instant, relativement à l'emprunt de 150 millions, que d'un objet de spécialité, a tenu, dans le choix et dans la combinaison des élémens de cet emprunt, l'une des directions les plus sages et les moins reprochables ; néanmoins, et malgré ces motifs d'approbation, je pense aussi que dans l'intérêt de toutes les parties contractantes, il ne peut qu'être utile de présenter à la méditation publique chacun de ces élémens et chacun de ces résultats, sous leur véritable aspect.

Tel est le but de cet écrit. On y reconnaîtra que cet emprunt (quoique renfermant quelques traces de dommages, mal inhérent au système des emprunts amortissables avec augmentation de capital, et qui sera inévitable tant qu'on n'aura pas répudié pour toujours ce système d'emprunt, rentre cependant dans l'ordre des combinaisons de ce système les moins dommageables.

***

Sujets des recherches renfermées dans l'écrit.

***

Je me proposerai particulièrement dans cet écrit d'indiquer 1° quel sera, dans l'ordre des probabilités, le prix de l'adjudication;

2°. Quel sera, à chacun des taux possibles d'adjudication, le bénéfice immédiat des adjudicataires;

3°. Quel sera le taux d'intérêts de leurs débours, à chacun des chiffres d'adjudications;

4°. Quelle sera la durée de la libération;

5° Quel devra être le cours réel de la valeur de

l'emprunt, à toutes les époques de la durée de sa libération.

6°. Enfin quelle sera, à l'achèvement de la libération, la diminution de fortune des contribuables qu'aura occasioné l'emprunt, supposé même fait au prix d'adjudication le moins défavorable pour l'État.

Ordonnance relative à l'emprunt.

L'ordonnance relative à cet emprunt est ainsi conçue :

« LOUIS-PHILIPPE, roi des Français, etc.

» Vu l'état de situation des crédits ouverts par » les lois des 5 janvier, 25 mars, 18 avril 1831, et » 21 avril 1832, qui ont créé les voies et moyens » extraordinaires applicables au service des dépen- » ses publiques; sur le rapport de notre ministre » sécrétaire-d'état des finances, nous avons or- » donné et ordonnons ce qui suit :

» ART. 1er. Notre ministre secrétaire-d'état des » finances est autorisé à procéder à la vente, avec » concurrence et publicité, et sur soumissions » cachetées, de la somme de rentes nécessaires » pour produire un capital de cent cinquante mil-

» lions. Cette vente aura lieu en rentes 5 pour cent,
» portant jouissance du 22 mars 1832; elle sera
» faite à la compagnie qui offrira le prix le plus
» élevé des rentes à inscrire, sauf la réserve du mi-
» nimum établi par le ministre.

» ART. 2. Conformément à l'art. 7 de la loi du 25
» mars 1831, et à l'art. 12 de la loi du 18 avril sui-
» vant, la dotation de la caisse d'amortissement
» sera accrue, à partir du 16 novembre prochain,
» d'une somme égale au centième du capital nomi-
» nal des rentes qui seront négociées en vertu de
» l'art. 1er ci-dessus.

» Notre ministre secrétaire d'état des finances
» est chargé de l'exécution de la présente ordon-
» nance, etc. »

Par suite de cette ordonnance, l'annonce ci-
après a été insérée dans le Moniteur.

———

*Annonce du ministre des finances relativement à l'em-
prunt.*

———

» Annonce d'un emprunt de 150 millions
» contre des rentes 5 pour cent (jouissance du 22
» mars 1832).

» Le ministre secrétaire-d'état des finances, en
» exécution de l'ordonnance royale de ce jour ;

» Arrête ce qui suit

» ART. 1er. Le mercredi 8 août 1832, à midi
» précis, il sera procédé au ministère des finances,
» en séance publique, à la vente par adjudication
» sur soumissions cachetées, en un seul lot et au
» plus offrant, de la somme de rentes 5 pour cent
» destinée à produire un capital de cent cinquante
» millions.

» ART. 2 Le paiement des cent cinquante millions
» aura lieu aux époques et dans les proportions
» ci-après, savoir :

» Le 15 septembre 1832.	7,500,000 fr.
» Le 15 octobre,	7,500,000
» Le 15 novembre,	7,500,000
» Le 15 décembre,	7,500,000
» Le 15 janvier 1833,	7,500,000
» Le 15 février,	7,500,000
» Le 15 mars,	10,500,000
» Le 15 avril,	10,500,000
» Le 15 mai,	10,500,000
» Le 15 juin,	10,500,000
» Le 15 juillet,	10,500,000
» Le 15 août,	10,500,000

A reporter. . . 108,000,000 fr.

Report. . . 108,000,000 fr.

» Le 15 septembre 1833, 10,500,000
» Le 15 octobre, 10,500,000
» Le 15 novembre, 10,500,000
» Le 15 décembre, 10,500,000

Total pareil, 150,000,000 fr.

» ART. 4. Etc. » Cet article et le reste de l'annonce ne renferment que des dispositions d'ordre.

La première question qu'on doive raisonnablement se faire relativement à ces dispositions, question la plus importante dans l'intérêt de l'État, est celle de savoir :

Quel sera, dans l'ordre des probabilités, le chiffre du minimum du ministre, et celui de l'adjudication.

Indubitablement, ce dernier chiffre sera celui qui concordera le plus avec le bénéfice immédiat que procurera aux soumissionnaires le chiffre d'adjudication.

Ici la question se complique ; il faut une attention suivie pour en apprécier les résultats à leur juste valeur.

A cet effet, fixons d'abord quels seront les débours nets des adjudicataires de l'emprunt, par suite des époques de paiemens ci-dessus énoncées, débours dont l'importance sera indépendante du chiffre de l'adjudication.

Voici la direction à suivre pour apprécier cette déduction.

————

Décompte des intérêts de retard dans les époques de paiement au profit des adjudicataires, jusque au 15 décembre 1833, dernière époque de paiement.

————

Du 22 mars 1832 au 15 sept. 1832, sur
7,500,000 fr. (5 mois 23 jours) 180,208 fr. 83 c.

Au 15 oct. 1832, sur
7,500,000   (6 mois 23 jours) 211,458   33

Au 15 nov. 1832, sur
7,500,000   (7 mois 23 jours) 242,708   33

Au 15 déc. 1832, sur
7,500,000   (8 mois 23 jours) 273,958   33

Au 15 janv. 1833, sur
7,500,000   (9 mois 23 jours) 305,208   33

Au 15 fév. 1833, sur
7,500,000   (10 mois 23 jours) 336,458   33

Au 15 mars 1833, sur
10,500,000   (11 mois 23 jours) 514,791   66

A reporter. . .   2,064,792   14

Report. . . . 2,064,792 f. 14 c.

Du 22 m. 1832 au 15 av. 1833, sur
10,500,000 (12 mois 23 jours) 558,541   66

Au 15 mai 1833, sur
10,500,000 (13 mois 23 jours) 602,291   66

Au 15 juin 1833, sur
10,500,000 (14 mois 23 jours) 646,041   66

Au 15 juill. 1833, sur
10,500,000 (15 mois 23 jours) 689,791   66

Au 15 août 1833, sur
10,500,000 (16 mois 23 jours) 733,541   66

Au 15 sept. 1833, sur
10,500,000 (17 mois 23 jours) 777,291   66

Au 15 oct. 1833, sur
10,500,000 (18 mois 23 jours) 821,041   66

Au 15 nov. 1833, sur
10,500,000 (19 mois 23 jours) 864,791   66

Au 15 déc. 1833, sur
10,500,000 (20 mois 23 jours) 908,541   66

_____

150,000,000, Ensemble. . 8,666,666 f. 88 c.

Tel est le bénéfice pour les adjudicataires qui résultera, *au moins* (sans compter les jouissances pour eux de ces bénéfices), des termes indiqués pour leurs versemens, quel que soit d'ailleurs le taux de l'adjudication; de sorte qu'ils n'auront réellement à payer pour l'em-

prunt des. . . . . 150,000,000 f. 00 c.
sauf la déduction des béné-
fices de. . . . . 8,666,666 f. 88 c.

que. . . . . 141,333,333 f. 12 c.

valeur du 22 mars 1832.

Maintenant recherchons quelle sera la masse de rentes qui sera délivrée aux adjudicataires, et dont ils toucheront les arrérages à partir de ladite époque du 22 mars 1832, en acquit de ce paiement net de 141,333,333 fr. 12 c.

Ce chiffre de rentes dépendra du chiffre du taux d'adjudication, et variera conséquemment suivant le chiffre de l'adjudication.

Établissons donc ces émissions, d'après les suppositions d'adjudication aux chiffres se rapprochant le plus de ceux du cours actuel des rentes de même nature.

EMISSIONS (1).

————

Prix supposés d'adjudication.	Émissions pour len-caissement de 150,000,000 f.
95 pour 5 fr.	7,894,000 fr.
96 pour 5 fr.	7,812,000 fr.
97 pour 5 fr.	7,732,000 fr.
98 pour 5 fr.	7,653,000 fr.
99 pour 5 fr.	7,576,000 fr.
100 pour 5 fr.	7,500,000 fr.

========

Du taux réel d'adjudication.

————

Avant d'aller plus loin, il convient de remarquer que, dans les proportions d'où nous venons

————

(1) Ces fixations se déduisent facilement de proportions dans lesquelles entrent, comme les trois valeurs connues :

1° Le chiffre de l'encaissement de l'emprunt ; 2° le chiffre apparent de l'adjudication ; 3° le chiffre de l'intérêt de la valeur sur laquelle se fait l'emprunt.

de déduire les chiffres d'émissions, le chiffre de l'encaissement est de 150,000,000 fr.

Or, comme pour se libérer de ces 150,000,000 f. on n'aura à effectuer qu'un débours de 141,333,333 f. il en résulte que, pour établir quel sera pour les adjudicataires le taux réel d'adjudication correspondant au taux apparent, il faudra, dans les proportions, substituer au chiffre 150,000,000 fr. le chiffre 141,333,333 fr. En suivant cette direction, le chiffre réel des adjudications sera, pour les soumissionnaires, correspondant au chiffre apparent d'adjudication, ainsi qu'il suit :

Taux réel d'adjudication.

Chiffre apparent d'adjudication.	Chiffre réel d'adjudication.
95 pour 5 fr. —	89 fr. 51 c.
96 pour 5 fr. —	90 fr. 45 c.
97 pour 5 fr. —	91 fr. 40 c.
98 pour 5 fr. —	92 fr. 33 c.
99 pour 5 fr. —	93 fr. 28 c.
100 pour 5 fr. —	94 fr. 22 c.

Cette fixation est d'autant plus importante que,

en n'y ayant point égard, le public serait nécessai-
rement induit en erreur; ce qui le porterait soit
à prôner abusivement le prétendu désintéresse-
ment et le trompeur dévouement des soumissionnaires, soit à déprécier injustement l'expression
du crédit.

―――――

Maintenant que nous connaissons la correspon-
dance qui existe entre le chiffre de l'adjudication
et le chiffre de l'émission, et en outre le chiffre
réel des débours nets des adjudicataires, quel que
soit d'ailleurs le chiffre apparent de l'adjudication,
nous pouvons déterminer:

1° Quel sera le taux d'intérêt des débours des
adjudicataires suivant le chiffre de l'adjudication;

2° Quel sera le bénéfice qu'occasionera immédiatement cette opération aux adjudicataires.

Taux de l'intérêt des débours des adjudicataires sui-
vant le chiffre de l'adjudication.

Chiffre apparent de l'adjudication.	Taux d'intérêt des débours nets (1).

---

95 fr. pour 5 fr. — 5 $\frac{586}{1,000}$ pour o/o.

96 fr. pour 5 fr. — 5 $\frac{276}{1,000}$ pour o/o.

97 fr. pour 5 fr. — 5 $\frac{472}{1,000}$ pour o/o.

98 fr. pour 5 fr. — 5 $\frac{416}{1,000}$ pour o/o.

99 fr. pour 5 fr. — 5 $\frac{983}{1,000}$ pour o/o.

100 fr. pour 5 fr. — 5 $\frac{308}{1,000}$ pour o/o.

Importance du bénéfice que l'emprunt procurera im-
médiatement aux adjudicataires, suivant le chiffre
de leur adjudication, comparativement à l'emploi
qu'ils feraient des mêmes débours en achat d'égale
masse des rentes 5 pour cent aujourd'hui en circu-
lation.

Supposons que l'adjudication ait lieu au chiffre

(1) Cette fixation se déduit facilement de proportions dans
lesquelles entrent, comme les trois valeurs connues :
1º Le chiffre des débours nets des adjudicataires ; 2º le chiffre
de l'émission ; 3º le chiffre 100.

2

apparent de 96 fr. pour 5 fr., dans ce cas le chiffre de l'émission serait de 7,894 fr.

Aujourd'hui que le cours des 5 pour cent est de 97 fr. 50 c. pour 5 fr., il faudrait un débours de. . . . . 153,950,000 fr. pour se procurer une sem- blable masse de rentes de 7,894000 fr.

Le débours net exigé par l'emprunt n'est que de. . . . 141,333,333 fr.

L'emprunt procurerait donc aux adjudicataires, à ce taux, une économie, c'est-à-dire un bénéfice de. . . . . 12,616,667 fr.

On peut de même, en suivant la même direc- tion, établir le chiffre des bénéfices ou des pertes pour les adjudicataires à tout autre chiffre appa- rent d'adjudication. C'est cette fixation que ren- ferme le tableau suivant.

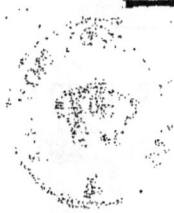

Taux apparent d'adjudication.	Bénéfice des adjudicataires aux taux apparens ci-contre d'adjudication.
à 95 fr. pour 5 fr. —	12,620,000 fr.
à 96 fr. pour 5 fr. —	11,000,000 fr.
à 97 fr. pour 5 fr. —	9,450,000 fr.
à 98 fr. pour 5 fr. —	8,900,000 fr.
à 99 fr. pour 5 fr. —	6,400,000 fr.
à 100 fr. pour 5 fr. —	4,920,000 fr.

Ainsi l'emprunt procurera aux adjudicataires, quel que soit d'ailleurs le taux d'adjudication, même au taux le plus défavorable pour eux de 100 fr. pour 5 fr., deux sources d'avantages: 1° améliorations par suite d'un placement à plus haut taux d'intérêt; 2° amélioration par la perception d'une masse d'arrérages plus considérable.

Chiffre probable du minimum *du ministre, de celui des soumissions et de celui de l'adjudication.*

Si, après avoir soumis ces propositions à l'épreuve

de leurs lumières, le gouvernement et les soumissionnaires se sont bien convaincus de leur exacti-
tude, on doit espérer qu'alors le *minimum* du ministre et le prix d'adjudication, ne seront pas au
dessous de 100 fr., et que le moindre prix des soumissions s'élevera au moins à ce chiffre. Car ce serait
déjà pour les soumissionnaires une belle opération
que celle qui leur procurerait immédiatement un
bénéfice de près de 5 millions; et ce serait pour le
gouvernement un sacrifice bien suffisant, que
l'abandon d'un droit de commission de 3 1/3
pour o/o.

Espérons donc avec confiance que le chiffre de
l'adjudication sera au moins de 100 fr. pour 5 fr.

---

*Fixation de l'importance des dotations, relativement
aux chiffres d'adjudication.*

Comme, d'après l'annonce, la dotation doit être
de un pour o/o du capital nominal de l'émission,
nous allons, à tout hasard, si le taux d'adjudication
n'atteint pas 100 fr. pour 5 fr., établir aux autres
taux d'adjudication, le chiffre des capitaux nomi-
naux et celui des dotations.

Supposition du chiffre apparent d'adjudication.	Capital nominal des émissions correspondantes à ces chiffres.
95 pour 5 fr. —	157,900,000 fr.
96 pour 5 fr. —	156,240,000 fr.
97 pour 5 fr. —	154,640,000 fr.
98 pour 5 fr. —	153,160,000 fr.
99 pour 5 fr. —	151,520,000 fr.
100 pour 5 fr. —	150,000,000 fr.

Supposition du chiffre apparent d'adjudicatton.	Chiffre des dotations dans le cas de ces diverses suppositions.
95 pour 5 fr. —	1,579,000 fr.
96 pour 5 fr. —	1,562,000 fr.
97 pour 5 fr. —	1,546,000 fr.
98 pour 5 fr. —	1,530,100 fr.
99 pour 5 fr. —	1,515,000 fr.
100 pour 5 fr. —	1,500,000 fr.

Établissons encore par comparaison le tableau de l'ensemble des débours pour arrérages et pour dotation dans chacune de ces suppositions de chiffres apparens de dotation.

Supposition du chiffre apparent de l'adjudication.	Ensemble des débours annuels dans les cas ci-joints de la supposition du chiffre apparent de l'adjudication.
95 fr. pour 5 fr. —	9,474,000 fr.
96 fr. pour 5 fr. —	9,374,000 fr.
97 fr. pour 5 fr. —	9,278,000 fr.
98 fr. pour 5 fr. —	9,183,000 fr.
99 fr. pour 5 fr. —	9,099,000 fr.
100 fr. pour 5 fr. —	9,000,000 fr.

Tels sont tous les élémens et tous les résultats qui concernent les adjudicataires dans leurs intérêts personnels et dans leurs rapports avec le gouvernement emprunteur.

Pour compléter ces recherches, sous l'aspect des intérêts des contribuables, il ne me resterait plus qu'à établir d'une manière comparative, pour chaque détermination des chiffres apparens d'adjudication, la durée de libération et la diminution de fortune des contribuables. Mais comme cet ouvrage a déjà une grande étendue, que ces chiffres de durée de libération et de diminution de fortune ne présenteraient entre eux que des différences assez minimes; et comme enfin, sous ces divers rapports, ces objets de comparaison ne seraient pas d'une très-grande utilité, je me bornerai à présenter ici le détail, les circonstances et les résultats de la position de l'emprunt la plus défavorable pour les soumissionnaires, savoir la supposition d'une adjudication à 100 fr. pour 5 fr. En effet, cette combinaison offre la plus longue durée de libération, et la moindre diminution de la fortune des contribuables : aussi est-ce pour cela que je l'ai choisie.

Emprunt de 150 millions fait sur des 5 pour cent, né-
gociés et rachetés à 100 fr. pour 5 fr., avec une
dotation de 1 pour cent du capital nominal de l'é-
mission.

Encaissement de l'emprunt.

150,000,000 fr.

===

Taux de négociation.

---

100 fr. pour 5 fr.

===

Taux d'intérêt de la négociation.

---

5 pour o/o.

===

Émission.

7,500,000 fr.

===

Capital nóminal de l'émission.

———

15o,ooo fr.

═══════════

*Dotation de 1 pour o/o du capital nominal de l'émis-
sion.*

———

1,5oo,ooo fr.

═══════════

Taux de la libération.

———

1oo fr. pour 5 fr.

═══════════

Taux d'intérét de la libération.

———

5 pour o/o.

═══════════

Somme de libération.

———

15o,ooo,ooo fr.

═══════════

Durée de la libération.

—

36 années — 8 mois — 20 jours.

Emsemble des débours annuels.

—

9,000,000 fr.

Diminution de la fortune des contribuables à l'achè-
vement de la libération, par suite de l'effectif des
débours annuels, et des privations annuelles de
jouissances occasionées par la direction d'emploi de
ces débours.

—

900,000,000 fr.

Ainsi, quel que soit le prix d'adjudication la
durée de la libération de l'opéretion ne peut pas
excéder 36 années 8 mois 20 jours, et la diminution
de fortune des contribuables, due uniquement à
cet emprunt, ne peut pas être au dessous de 900
millions. Si les taux de l'adjudication sont infé-

rieurs à celui que j'ai pris pour exemple, savoir celui de 100 fr.; les chiffres de la durée de la libération et de la diminution de fortune dépasseront en sens contraire ceux de mon exemple, et dès lors le dommage variera dans son importance respective.

Cours réels des nouveaux 5 pour cent, de dix en dix jours à partir de l'adjudication, jusqu'à l'achèvement de la libération.

Je vais maintenant établir quels devront être les cours réels des nouveaux cinq pour cent, les 10, les 20, et les 30 de chaque mois, jusques à l'achèvement de la libération, dans la supposition que le taux apparent d'adjudication soit au 8 août de 100 fr. pour 5 fr., et en isolant des causes d'influence de l'oscillation des cours les causes d'influences dues au jeu de toute nature.

An 1832, 30 août. . . . . . . 91 fr. 30 c.
»   10 sept. . . . . . . 91 fr. 45 c.
»   20 sept. . . . . . . 89 fr. 60 c.
»   30 sept., coupon détaché, 89 fr. 25 c.

An 1832,	10 oct.	89 fr.	40 c.
»	20 oct.	89 fr.	50 c.
»	30 oct.	89 fr.	65 c.
»	10 nov.	89 fr.	80 c.
»	20 nov.	98 fr.	95 c.
»	30 nov.	90 fr.	10 c.
»	10 déc.	90 fr.	25 c.
»	20 déc.	90 fr.	35 c.
»	30 déc.	90 fr.	50 c.
An 1833 ,	10 janv.	90 fr.	65 c.
»	20 janv.	90 fr.	80 c.
»	30 janv.	90 fr.	90 c.
»	10 févr.	91 fr.	05 c.
»	20 févr.	91 fr.	20 c.
»	30 févr.	91 fr.	35 c.
»	10 mars.	91 fr.	50 c.
»	20 mars.	91 fr.	65 c.
»	30 mars, coupon détaché.	89 fr.	35 c.
»	10 avril.	89 fr.	40 c.
»	20 avril.	89 fr.	50 c.
»	30 avril.	89 fr.	65 c.
»	10 mai.	89 fr.	80 c.
»	20 mai.	89 fr.	95 c.
»	30 mai.	90 fr.	00 c.
»	10 juin.	90 fr.	10 c.
»	20 juin.	90 fr.	20 c.
»	30 juin.	90 fr.	35 c.
»	10 juill.	90 fr.	50 c.
»	20 juill.	90 fr.	65 c.

An 1833,	30 juill.	90 fr. 80 c.
»	10 août.	90 fr. 90 c.
»	20 août.	91 fr. 05 c.
»	30 août.	91 fr. 20 c.
»	10 sept.	91 fr. 35 c.
»	20 sept.	91 fr. 50 c.
»	30 sept, coupon détaché.	89 fr. 25 c.
»	10 oct.	89 fr. 40 c.
»	20 oct.	89 fr. 50 c.
»	30 oct.	89 fr. 65 c.
»	10 nov.	89 fr. 80 c.
»	20 nov.	90 fr. 10 c.
»	30 nov.	90 fr. 20 c.
»	10 déc.	90 fr. 35 c.
»	20 déc.	90 fr. 50 c.
»	30 déc.	90 fr. 65 c.
An 1834,	10 janv.	90 fr. 80 c.
»	20 janv.	90 fr. 90 c.
»	30 janv.	91 fr. 05 c.
»	10 févr.	91 fr. 20 c.
»	20 févr.	91 fr. 35 c.
»	30 févr.	91 fr. 50 c.
»	10 mars.	91 fr. 65 c.
»	20 mars.	91 fr. 80 c.
»	30 mars, coupon détaché.	89 fr. 40 c.

En suivant la même marche, c'est-à-dire en ajoutant par chaque dix jours quatorze centimes et en supprimant tous les six mois les 2 fr. 50 c.

du coupon, on aura tous les cours réels jusques à l'achèvement de la libération. On devra remarquer que, dans cette série de cours, il y a à partir du détachement du coupon, à peu près renouvellement des mêmes chiffres de cours; ce qui provient de ce que les différences d'importances dans ces chiffres ne sont point soumises à l'influence du jeu, et des sensations plus ou moins bien assises des joueurs, de leur plus ou moins de confiance dans l'état actuel des choses, de leurs spéculations en tous genres, réelles ou passionnées, des événemens politiques d'intérieur et d'extérieur, de leurs suppositions romanesque plus ou moins niaises; enfin d'une foule de causes plus ou moins futiles dont se repaissent le plus ordinairement les desservans de la Bourse.

C'est par ces motifs que ce nouvel emprunt, dégagé d'augmentation de capital, de lots et de primes, doit éprouver moins d'alternatives discordantes des cours.

FIN.

TABLE.

FIN DE LA TABLE.